D1719270

Jonas und die Schmetterlinge

Jonas und die Schmetterlinge

Helma Metz

Zeichnungen G. Paul Kutz

Abenteuer Natur

Metz-Verlag Gaggenau

Impressum:

1. Auflage 1989
Copyright Text, Illustration, Ausstattung
Metz-Verlag, Josef-Hollerbach-Straße 14,
D-7560 Gaggenau, Telefon (0 72 25) 7 40 98

Satz und Druck: Druckerei Torzewski GmbH, D-7560 Gaggenau

Gesamtbetreuung: Wolfgang Torzewski, D-7562 Gernsbach

ISBN 3-927 655-00-7

**Hurra,
die Schule
ist aus !!!**

„He, Jonas, weißt du, was in zwanzig Minuten ist?" Jonas erhielt unter der Bank einen kleinen Schubs von seinem Nachbarn. „In zwanzig Minuten sind Ferien! Treffen wir uns heute Nachmittag?" „Geht nicht", flüsterte Jonas zurück und verstummte, weil seine Lehrerin ziemlich streng in seine Richtung blickte. „Erkläre es dir nachher", konnte er gerade noch nachschieben.

Endlich läutete die Schulglocke. „Ich wünsche euch allen recht erholsame Ferien, einschließlich mir", sagte die Lehrerin, aber die meisten hörten schon nicht mehr hin, weil die große Freiheit lockte.

Es war ein wunderschöner Sommertag, und die großen Ferien hatten gerade begonnen. Die Schule war aus und alle Schüler stürmten aus dem Schulgebäude.

„Tschüß dann, bis morgen, heute bin ich
Mama versprochen!" rief Jonas seinem
Freund zu, bevor er sich eilig auf den Weg
nach Hause machte.

Jonas war immer in Eile. Selbst sein Haar
schien immer zu fliegen. Heute war es aber
besonders dringend, denn Mama hatte versprochen, mit ihm in den Zoo zu gehen.
Mama war der Meinung, daß man
zu Ferienbeginn immer etwas
Besonderes unternehmen
müsse. Den Zoo hatte sie
vorgeschlagen, weil sie
wußte, daß Jonas gerne
bei Tieren war.

7

Jonas wohnt zusammen mit Mama und Papa in einem neuen Haus mit einem winzigen Garten. Früher wohnten sie in einem alten Haus mit einem riesigen Obstgarten. Das Zimmer, das Jonas für sich alleine hatte, war hoch unter dem Dach. Es hatte schräge Wände und zwei Fenster zum Aufklappen. Wenn er hinausschaute, konnte er meilenweit über Felder und Wiesen blikken. Zudem war es nicht weit bis zu dem Fluß, an dem er gerne mit seinen Freunden spielte.

„He, Jonas, geh doch mit, du wirst sehen, es macht viel Spaß", bekam er immer wieder von seinen Freunden zu hören. Doch Mama hatte ihm verboten, dorthin zu gehen. Manchmal tat er es heimlich. Er hatte aber immer ein schlechtes Gewissen dabei. Wegen Mama.

Aber wenn alle Klassenkameraden am Wasser ihre Schiffe schwimmen ließen oder mit dem Taschentuch winzige Fischchen fingen, konnte er sich doch nicht ausschließen.

Mama verstand davon nichts. Sie machte sich immer Sorgen um ihn, obwohl er doch schon groß war.

Einmal hatte er sein Geheimnis Papa erzählt. Dieser meinte auch, daß Jonas bereits alt genug sei, um auf sich selbst aufpassen zu können.

Es sollte ein Geheimnis unter Freunden bleiben. Jonas war sich aber nicht sicher, ob Papa Mama nicht alles erzählt hatte, weil doch Papa immer alles mit Mama besprach.

Manchmal, meistens , wenn er vom Fluß kam, schaute ihn Mama so komisch an. Dann war er immer nahe daran, ihr alles zu erzählen.

Vor lauter Verlegenheit erzählte er ihr dann von der Schule, vom Nachhauseweg und was er alles unterwegs gesehen und gehört hatte.

Aber eines Tages mußte Papa sich eine andere Arbeit suchen. Ganz traurig war er nach Hause gekommen: „Unser Chef hat uns heute erklärt, daß er seine Firma hier aufgeben muß. Die anderen Firmen können billiger anbieten als er. Deshalb muß er seine Firma verlegen. Wahrscheinlich kann ich mit meinem Beruf in der Nähe keine Arbeit finden. Na, ich werde es auf jeden Fall probieren. So schnell gebe ich mich nicht geschlagen." Es folgten einige sorgenvolle Wochen, in denen Mama und Papa beratschlagten, ob Papa diesen oder jenen Job annnehmen sollte. Er hörte sie oft lange im Wohnzimmer diskutieren, wenn er schon im Bett lag.

Schließlich nahm Papa eine Arbeit in einer weit entfernten Stadt an. „Von irgendetwas müssen wir leben", seufzte er, als er seine Zusage schrieb. „Vielleicht findet sich während der Probezeit noch eine andere Stelle in der Nähe."

Mama war eigentlich ganz fröhlich: „Vielleicht ist es gut für dich, wenn du dir einmal andere Luft um die Nase wehen läßt. Opa wohnt ja auch dort und ihm gefällt es ganz gut. Wir können ihn dann öfters besuchen."

Ein halbes Jahr lang kam Jonas' Papa nur an den Wochenenden nach Hause. Mama gefiel dies gar nicht, und sie meinte schließlich: „Wir müssen wieder eine richtige Jeden-Tag-Familie werden. Ich möchte keine Wochenendfamilie mehr sein!"

Daraufhin zogen sie zu Papa in die Stadt.

So sehr sich Jonas auch freute, wieder eine richtige Familie zu sein, so sehr war er über den Verlust aller seiner Freunde und seiner gewohnten Spielplätze traurig. Er mußte beinahe weinen, wenn er an sein altes Zimmer dachte oder an die alte Schule mit seiner heißgeliebten Lehrerin oder an seine besten Freunde.

Wenn er hier aus dem Fenster schaute, sah er nur den kleinen Garten des Nachbarn, die Straße und weiter in der Ferne einige Hochhäuser.

Doch Jonas merkte mit der Zeit, daß er sich daran gewöhnte. Alles erschien ihm nicht mehr so schrecklich, wie in den ersten Tagen, besonders seit er einen neuen Freund gefunden hatte.

Zudem hatte Jonas auch noch den Opa.

Opa hatte einen wunderschönen Schrebergarten am Rande der Stadt. Jonas wollte meistens nicht mehr nach Hause, weil er in den Garten verliebt war. Er konnte so herrlich darin Versteck spielen und Sandschlachten machen. Auch fand er immer wieder wundervolle Schätze, wie zum Beispiel leere Schneckenhäuser, glitzernde Steine, alte Keramikscherben, Pfirsichkerne und noch vieles mehr.

Jeden Tag, egal, ob die Sonne schien oder dicke Wolken am Himmel standen, machten Opa und er lange Spaziergänge. Jonas mußte nicht brav an Opas Hand bleiben, sondern er konnte hüpfen und springen, soviel er wollte. Besonders in Pfützen hüpfte er gerne, weil es so schön nach allen Seiten spritzte.

Jonas liebte den Opa, weil dieser sich für alles interessierte und ihm alles erklären konnte und immer Zeit hatte, um mit ihm zu spielen. Und wenn er einmal über etwas nicht Bescheid wußte, schauten sie zusammen in seinen dicken Büchern nach. Mit Opa zusammen hatte Jonas vier Augen und konnte viel mehr betrachten und erforschen.

Bei jedem Spaziergang entdeckten sie etwas Neues. Wenn Jonas meinte, nun könne es auf der Welt nichts mehr zum Entdecken geben, so hatte Opa wieder ein fliehendes Reh oder einen hoppelnden Hasen, einen Bussard im Flug, eine kleine, raschelnde Maus oder einen besonderen Pilz gesichtet.

Neulich war Jonas mit Opa im Wald. Ganz nahe am Waldrand türmte sich ein riesiger Erdhügel auf, mindestens zwei Köpfe größer als Jonas. Ein großes Gestell aus Draht schützte den Haufen. „Opa, schau mal, ein Riesenhügel", rief er laut und stürmte darauf zu. Begeistert betrachtete er mit Opa das emsige Gewimmel vieler Tausende kleiner Tierchen. „Das sind Waldameisen", erklärte ihm Opa und warnte ihn zugleich. „Gib acht, daß du nicht zu nahe kommst. Die kleinen Tierchen denken sonst, du willst ihren Bau zerstören und wehren sich gegen diese Gefahr. Sie beißen dich dann und spritzen eine stechende Säure in die kleine Wunde."

Einige Ameisen schleppten zusammen einen großen Käfer. „Der Käfer ist für die kleinen Tiere so schwer wie für dich ein Korb voller roter Äpfel aus meinem Garten!" Opa beugte sich mit Jonas tief über die kleine Truppe von Ameisen. „Die Waldameisen sind sehr wichtig für den Wald, weil sie ihn sauber halten. Sie sind die Müllabfuhr des Waldes. Sie transportieren Abfälle ab und verwerten sie auch noch", meinte Opa weiter und blieb mit Jonas noch eine Weile betrachtend stehen.

Unter allen Tieren, die Jonas mit Opa zusammen entdeckte, mochte er am liebsten die Schmetterlinge. Er schaute ihnen gerne zu, wenn sie in der Sonne schaukelten und miteinander spielten. Jonas hatte immer das Gefühl, daß sie für ihn ganz alleine tanzten.

Jonas erfuhr von Opa viel über die Schmetterlinge. Er wußte, wie sie sich ernährten. Ganz genau hatte er beobachtet, wie sie ihren feinen Rüssel ausrollten und in die Blüte steckten, um den Nektar zu saugen.

Zuerst wollte Jonas dies nicht glauben. „Schmetterlinge sind doch keine Elefanten", wunderte er sich.

Für ihn war es seltsam, daß zu Hause, bei ihm in der Stadt, kaum Schmetterlinge zu sehen waren, während in Opas Garten fast kein Platz für alle war. Er fragte Opa: „Verstehst du dich besonders gut mit den Schmetterlingen, weil so viele in deinem Garten sind? Sagst du den Schmetterlingen, daß du sie magst?" Opa lachte und antwortete: „Mit Mögen hat das bei den Tieren nichts zu tun."

Und
Opa
begann
Jonas
noch mehr über
die Schmetterlinge
zu erzählen. Zum Beispiel, daß
Schmetterlinge sich vermehren,
indem die Weibchen viele Eier
legen. Sie legen die Eier aber nicht
einfach irgendwohin, wie es Opas
Hühner manchmal tun. Ihre Eier sind
ganz winzig und sie kleben sie an die
Blätter von Pflanzen. So wie Fein-
schmecker nur besonders leckere Dinge
mögen, bevorzugt jede Schmetterlingsart
nur bestimmte Pflanzen.

Jonas mußte bei dem Gedanken lachen. Er stellte sich einen Schmetterling mit einer um den Hals gebundenen Serviette und Messer und Gabel vor, wie dieser gerade ein Brennesselblatt oder ein Kohlblatt mit großem Appetit verspeiste.

Opa zeigte Jonas einen Kohlweißling. Jonas mochte ihn nicht besonders, weil er so unscheinbar weißgrau aussah. Opa meinte dazu: „Dieser Schmetterling sucht sich immer nur Kohlpflanzen aus." Nun wußte Jonas, warum die Kohlweißlinge so bleich aussahen: „Wenn ich immer Kohl essen müßte, würde ich sicherlich auch so aussehen."

Viel lieber mochte Jonas die Tagpfauenaugen, die sich mit bunten Farben schmückten, wenn sie die Blüten besuchten. An heißen Augusttagen umschwirrten sie den Sommerflieder in Opas Garten, daß

er wie ein riesengroßer Schmetterlings-blütenstrauß aussah. „Seine Eier legt das Weibchen des Tagpfauenauges am liebsten an Brennesseln ab", erzählte Opa.

Schon oft lag Jonas auf der Lauer, um den Vorgang der Eiablage zu beobachten. Nie war es ihm geglückt, weil er mit den Brenn-nesseln in Berührung kam, was unange-nehm auf der Haut war. Opa legte ihm dann kühlende Tücher auf die brennenden Pusteln auf seinen nackten Armen und Bei-nen.

Beinahe genauso schön wie die Tagpfau-enaugen fand Jonas die Distelfalter. Opa erklärte ihm, daß diese sich die wunder-schönen, blauen Disteln in seinem Garten reserviert hatten. Wenn Jonas die Augen ein ganz klein wenig zukniff, hatte er das Gefühl, daß ihm die Schmetterlinge mit ihren bunten Flügeln zuwinkten.

Opa erzählte Jonas, daß aus den Eiern, die die Schmetterlinge an die Blätter kleben, Raupen werden. Gemeinsam schauten sie den Raupen beim Fressen zu. Die Raupen fraßen unheimlich viel.

Blitzschnell waren in den Blättern große Löcher, und die Pflanze war kahl gefressen.

Als Jonas noch kleiner war, hatte er immer gemeint, irgendwann müßten die Raupen Bauchschmerzen bekommen, wie er, wenn er zuviel Eis gegessen hatte.

Wenn die Raupen ganz dick waren, verschwanden sie und Jonas konnte sie nicht mehr finden. Opa berichtete ihm, daß sie sich vom vielen Fressen ausruhen müßten.

„Sie werden zu Puppen und ruhen sich aus, und im nächsten Jahr haben sie sich in wunderbare Schmetterlinge verwandelt." Zunächst hatte Jonas laut gelacht, weil er an richtige Puppen dachte.

Jonas wollte von Opa ganz genau wissen, warum bei ihm zu Hause keine Schmetterlinge fliegen und Opa antwortete, daß es an den Menschen selbst liege. „Deine Mutti mag keine Brennesseln in ihrem Garten. Wo soll aber ein Tagpfauenauge seine Eier ablegen, wenn es doch nur Brennesseln mag? Und wie ist es mit dem Kohl, den Mutti pflanzt? Den wollt ihr doch selbst essen! Deshalb vernichtet Mutti alle Eier und Raupen vom Kohlweißling, also kann's auch keine Schmetterlinge geben!"

Jonas dachte angestrengt nach. Sein ganzes Gesicht wurde schief und faltig.

„Ich weiß eine Lösung", rief er dann. „Mama pflanzt einfach ein Extrabeet mit Kohl für die Kohlweißlinge und irgendwo im Garten ist bestimmt ein Platz für ein paar Brennesseln. Sie kann sie ja ganz hinten verstecken", erklärte er großzügig. „Das ist eine prima Idee", meinte Opa. „Doch so etwas müßten viele Menschen machen. Leider wissen die meisten nicht, daß unser Unkraut für viele Tiere ein „Gutkraut" ist. Eigentlich habe ich Angst, daß deshalb eines Tages sehr viele Pflanzen und Tiere, die wir beide lieben, von der Erde verschwunden sein werden." Jonas hatte beim Zuhören ganz rote Backen bekommen. Er schrie fast: „Das dürfen wir nicht zulassen. Wir müssen allen Menschen sagen, wie wunderschön gerade solche Pflanzen und Tiere sind, die sie nicht haben wollen."

Er wurde nachdenklicher: „Weißt du, wir laden einfach alle Menschen in deinen Garten ein und zeigen ihnen, welche bunten Farben und besondere Formen die Pflanzen und Tiere haben. Dann müssen sie überzeugt sein." Opa lachte ein bißchen: „Ach Jonas, es ist vielleicht vorerst sehr wichtig, daß wir beide, du und ich, den Anfang machen. Einer muß einmal beginnen. Vielleicht kann ich meinen Nachbarn überzeugen. Vielleicht kannst du mit deiner Mutti sprechen und deinen Freunden davon erzählen. Vielleicht können wir auf diese Weise immer mehr Menschen gewinnen und ihnen die Augen öffnen für die Schönheiten um uns herum!" Jonas faßte Opa bei der Hand. Er zog ihn fast zum Haus: „Komm Opa, lauf doch schneller, laß uns anfangen."